BEI GRIN MACHT SICH IHR WISSEN BEZAHLT

- Wir veröffentlichen Ihre Hausarbeit,
  Bachelor- und Masterarbeit

- Ihr eigenes eBook und Buch -
  weltweit in allen wichtigen Shops

- Verdienen Sie an jedem Verkauf

Jetzt bei www.GRIN.com hochladen und kostenlos publizieren

Roland Engelhart

Verhaltensgestörte Kinder. Buchbesprechung: „Kinder, die hassen. Auflösung und Zusammenbruch der Selbstkontrolle" von Fritz Redl und David Wineman

GRIN Verlag

Bibliografische Information der Deutschen Nationalbibliothek:

Die Deutsche Bibliothek verzeichnet diese Publikation in der Deutschen National-
bibliografie; detaillierte bibliografische Daten sind im Internet über http://dnb.d-
nb.de/ abrufbar.

Dieses Werk sowie alle darin enthaltenen einzelnen Beiträge und Abbildungen
sind urheberrechtlich geschützt. Jede Verwertung, die nicht ausdrücklich vom
Urheberrechtsschutz zugelassen ist, bedarf der vorherigen Zustimmung des Verla-
ges. Das gilt insbesondere für Vervielfältigungen, Bearbeitungen, Übersetzungen,
Mikroverfilmungen, Auswertungen durch Datenbanken und für die Einspeicherung
und Verarbeitung in elektronische Systeme. Alle Rechte, auch die des auszugsweisen
Nachdrucks, der fotomechanischen Wiedergabe (einschließlich Mikrokopie) sowie
der Auswertung durch Datenbanken oder ähnliche Einrichtungen, vorbehalten.

Impressum:

Copyright © 1981 GRIN Verlag GmbH
Druck und Bindung: Books on Demand GmbH, Norderstedt Germany
ISBN: 978-3-640-67033-8

Dieses Buch bei GRIN:

http://www.grin.com/de/e-book/133148/verhaltensgestoerte-kinder-buchbespre-
chung-kinder-die-hassen-aufloesung

GRIN - Your knowledge has value

Der GRIN Verlag publiziert seit 1998 wissenschaftliche Arbeiten von Studenten, Hochschullehrern und anderen Akademikern als eBook und gedrucktes Buch. Die Verlagswebsite www.grin.com ist die ideale Plattform zur Veröffentlichung von Hausarbeiten, Abschlussarbeiten, wissenschaftlichen Aufsätzen, Dissertationen und Fachbüchern.

Besuchen Sie uns im Internet:

http://www.grin.com/

http://www.facebook.com/grincom

http://www.twitter.com/grin_com

Roland Engelhart

Verhaltensgestörte Kinder

Buchbesprechung: „Kinder, die hassen. - Auflösung und Zusammen-

bruch der Selbstkontrolle" von Fritz Redl und David Wineman

Inhaltsverzeichnis

1. Das „Pioneer House" - Projekt in Detroit 2

   1.1   Einführung 2

   1.2   Ablaufschema der Therapie 4

   1.3   Schaffung eines bestimmten Behandlungsmilieus 4

   1.4   Auswahlkriterien für die Gruppenzusammensetzung 5

2. Auflösung und Zusammenbruch der Selbstkontrolle 7

   2.1   Das Ich, das seine Aufgaben nicht erfüllen kann 7

   2.2   Niedrige Frustrationstoleranz 9

   2.3   Geringer Widerstand gegen die Versuchung 10

3. Das delinquente Ich und seine Techniken 12

   3.1   Das Ich und der Begriff Delinquenz 12

   3.2   Strategie des Vermeidens von Schuldgefühlen 12

4. Beurteilung und Kritik 14

1. Das „Pioneer House" - Projekt in Detroit

1.1 Einführung

Das Buch „Kinder, die hassen"[1] beschreibt Verlauf und Ergebnisse des „Detroit Pioneer House" - Projekts. Die Autoren des Buches[2] und einige Mitarbeiter lebten 19 Monate lang, von Dezember 1946 bis Juni 1948, mit extrem gestörten, hasserfüllten und schwer aggressiven Kindern in Detroit in einem so genannten „Pioneer House" zusammen.

„Unser Problem ist, dass wir nicht genug über den Haß wissen. Infolgedessen nehmen wir ihn auch nicht ernst genug."[3] Dem entgegenzuarbeiten, hatten sich die Projektleiter zur Aufgabe gesetzt. Dieses nicht Ernstnehmen von stark verhaltensgestörten Kindern hat zwei extreme Reaktionen in der amerikanischen Gesellschaft (aber nicht nur dort) zur Folge. Die einen fordern ein härteres Durchgreifen gegenüber solchen Kindern. Man will sie schwerer bestrafen und ihnen weniger Freiheiten geben. Die anderen schreiben deren Verhalten und Taten alles dem jämmerlichen persönlichen Entwicklungsverlauf der Kinder zu und wollen ihnen alles durchgehen lassen („sentimentale Naivität"[4]). Beide Betrachtungsweisen sind viel zu oberflächlich, als dass sie eine Hilfe für diese Kinder sein könnten.

Diese Verhaltensweisen der Kinder wollten sich die Autoren näher, intensiver und objektiver anschauen, eben durch das erwähnte Projekt: „Es war ein Versuch, herauszukommen, wie einige Kinder wirklich sind, was ihnen fehlt und was für Methoden man

---

[1] Fritz Redl / David Wineman, Children Who Hate - The Disorganization and Breakdown of Behavior Controls, 1951; deutsche Ausgabe: Fritz Redl/ David Wineman, Kinder, die hassen - Auflösung und Zusammenbruch der Selbstkontrolle, herausgegeben. und mit einem Nachwort versehen von Reinhard Fatke, Piper Verlag, München 1979. Erschienen als Band 29 der Reihe: Erziehung in Wissenschaft und Praxis, hrsg. von Andreas Flitner.

[2] Auf dem Buchdeckel bzw. der vierten Umschlagseite werden folgende Angaben über die Autoren gemacht: "Die Autoren: Fritz Redl, geb. 1902, war Lehrer, Erziehungsberater und Psychoanalytiker in Wien; 1936 Emigration in die USA; bis zu seiner Emeritierung 1973 Professor für Verhaltenswissenschaften an der Wayne State University in Detroit.
David Wineman ist Professor für Sozialpädagogik an der Wayne State University in Detroit; Mitarbeiter von Redl in verschiedenen Projekten mit gestörten Kindern.
Der Herausgeber: Dr. Reinhard Fatke, geb. 1943, hat während eines zweijährigen Forschungsaufenthaltes in den USA mit Redl zusammengearbeitet; er ist jetzt Wiss. Assistent am Institut für Erziehungswissenschaft an der Universität Tübingen."

[3] Redl/Wineman, Kinder, die hassen, S. 20.

[4] Redl/Wineman, Kinder, die hassen, S. 21.

erfinden könnte, um ihre besondere seelische Erkrankung der Reichweite unseres Arsenals therapeutischer Verfahren näherzubringen."[5]

Bei den Kindern, die in diesem Buch beschrieben werden, scheint nichts mehr zu funktionieren; sie sind für ihre Umgebung untragbar und stellen ein unlösbares Problem dar. Aber Hass und Aggression gehören prinzipiell zu unserem Triebsystem. Es handelt sich hierbei nicht um klassisch neurotische Kinder, sondern um einen „extremeren, elementareren, ‚totaleren' Typus von Haß und Aggression"[6], von dem wir wenig wissen. Denn Kinder, die hassen, werden schnell zu Kindern, die keiner will. Deshalb greift auch die therapeutische Behandlung klassischen Stils nicht, weil viele gar nicht zum Reden oder Handeln aufgelegt sind. Vielmehr würde diese Methode Ausbrüche von Destruktivität nach sich ziehen. An diese Kinder ist schwierig und nur mit einem neuen eigenartigen Konzept heranzukommen, denn die herkömmliche Meinung, Hass sei nur Mangel an Liebe und würde durch viel Liebe verschwinden, erweist sich als völlig falsch. Und so „können sie alles ertragen, nur keine Zuneigung, obwohl sie sie so sehr zu brauchen scheinen."[7]

„Etwas über Kinder herauszubekommen, an die schwer heranzukommen ist, besteht darin mit ihnen in einer Gruppe zusammenzuleben".[8] Neben der Diskussion tritt in vollem Maße der Handlungscharakter.

Ein schwieriger Faktor war natürlich die Zusammensetzung der Gruppe. Aus früher durchgeführten Sommerlagern konnten die Autoren einige Erkenntnisse ziehen. Dieses neuartige Projekt hatte also eine vertiefende Funktion. Angestrebt war „eine angemessene und vollständige Erforschung dessen, worin die Störung überhaupt besteht."[9] Die daraus gezogenen Kenntnisse kindlichen Verhaltens sind auch für den Erzieher normaler Kinder notwendig, denn selbst normale Kinder werden nicht mit einem voll entwickeltem Selbstkontrollmechanismus geboren. Denn bei jedem Kind muss sich ein Ich und ein Über-Ich erst ausbilden.

---

[5] Redl/Wineman, Kinder, die hassen, S. 28.
[6] Redl/Wineman, Kinder, die hassen, S. 25.
[7] Redl/Wineman, Kinder, die hassen, S. 27.
[8] Redl/Wineman, Kinder, die hassen, S. 33.
[9] Redl/Wineman, Kinder, die hassen, S. 22.

Der Grund, warum diese Kinder hassen, die besondere Pathologie ihrer Aggression, die anders gelagerte Triebhaftigkeit dieser Kinder ist schon wichtig. Aber der eigentliche und wahre Grund für ihr Verhalten ist nicht der Hass, sondern - und darin liegt die wesentliche Grundkonzeption des Buches - ist

- zum einen „die Auflösung der Selbstkontrolle, die die aufgestaute Aggression in der Persönlichkeit dieser Kinder bewirkt hat"[10] und

- und zum anderen hat sich „ein Teil ihres Hasses zu einem gut ausgebauten Sektor des scharfsinnnigen Abwehrsystems gegen eine moralische Verflechtung mit ihrer Umwelt"[11] entwickelt.

1.2   Ablaufschema der Therapie

Nach Meinung der Autoren sind folglich Aggression, Destruktion und Hass nur Nebenprodukte ihrer Pathologie. Um sie irgendwie heilen zu können, muss man also ihre Ich-Störungen und ihre Über-Ich-Fehlentwicklungen herausbekommen.

Die Therapie solcher Kinder erfolgt in drei wesentlichen Schritten:[12]

1. Man muss mit ihnen zunächst einmal zusammenleben und „überleben", wobei sich ihr Verhalten zeitweise mäßigen muss. Dies ist spontaner und intensiver als es in einer gelegentlichen Sprechstunde sein kann. Es kann eine Abschwächung bzw. eine Hervorhebung von Verhaltensweisen geben. Man kann dieses Milieu gleich therapeutisch nutzbar machen.
2. Man muss herausbekommen, wie sie wirklich sind und was sie bewegt. Welche Mechanismen funktionieren bei ihnen, welche sind gestört?
3. Im dritten Schritt erfolgt die eigentliche Therapie der wahren Probleme.

1.3   Schaffung eines bestimmten Behandlungsmilieus

Man muss also ein ganz bestimmtes therapeutisches Behandlungsmilieu schaffen, das folgende Aspekte umfasst:[13]

1. Absoluter Schutz vor traumatischer Behandlung durch das Heimpersonal.

---

[10] Redl/Wineman, Kinder, die hassen, S. 29
[11] Redl/Wineman, Kinder, die hassen, S. 29.
[12] Vgl. Redl/Wineman, Kinder, die hassen, S. 32-36.
[13] Vgl. Redl/Wineman, Kinder, die hassen, S. 36-43.

2. Gewähren von Befriedigungen durch das Planen von Freizeitbeschäftigung; liebevolle Zuneigung der Erwachsenen, ob es das Verhalten des Kindes verdient oder nicht.

3. Symptomtoleranz und Spielraum für Regression, aber durchaus beschützendes Eingreifen.

4. Aufstellen von bestimmten minimalen Regeln für Aggression und Wildheit, angepasst an die besondere Art der Ich-Störung. Nicht prinzipiell fürs Gewähren lassen.

5. Benutzung allgemeiner Freizeiteinrichtungen.

6. Vermeiden eines groben soziokulturellen Stilbruchs in Bezug auf das Mobiliar, auf das räumliche Erscheinungsbild und auf das herkömmliche Freizeitprogramm der Kinder.

7. Das „Pioneer House" ist kein geschlossenes Heim. Der Schulbesuch erfolgt in einer Sonderklasse an einer öffentlichen Detroiter Schule.

1.4 Auswahlkriterien für die Gruppenzusammensetzung

Dementsprechend waren die Auswahlkriterien für eine Aufnahme in die Gruppe wie folgt:[14]

1. Es waren Jungen in der Altersgruppe von 8 bis 11 Jahren, also die Periode der Vor-pubertät. Es schälte sich eine stabile Population von 5 Jungen heraus, die zwischen 15 und 19 Monaten im „Pioneer House" waren. 5 Jungen waren 1 bis 3 Monate dort.

2. Die Jungen hatten einen durchschnittlichen Intelligenzquotienten.

3. Die Jungen hatten einen normalen Gesundheitszustand, sie hatten keine erheblichen Körperbehinderungen.

4. Sie kamen aus der gleichen sozioökonomischen Schicht: „untere Einkommens-schicht mit Lebensstil mit relativ viel Nachbarschaft der offenen Tür."[15]

5. Der Typ und der Grad der Persönlichkeitsstörung durften wiederum auch nicht zu groß sein, da es ein offenes Heim war. Außerdem musste es sich bei dem individuellen Erscheinungsbild um Symptome handeln, die in einer Gruppe be-handelt werden konnten.

6. Die Kinder mussten ein prädelinquentes oder delinquentes Verhaltensmuster aufweisen. Dafür standen Symptome wie Destruktivität, übermäßige Aggression, Wutanfälle, Stehlen, Lügen, triebhafte Missetaten, Weglaufen, Schuleschwänzen,

---

[14] Vgl. Redl/Wineman, Kinder, die hassen, S. 46-59.
[15] Vgl. Redl/Wineman, Kinder, die hassen, S. 48.

grobe und deftige Ausdrucksweise, also kurzum das Bild eines sich mausernden Halbstarken. Natürlich waren mit dem delinquenten Verhaltensmuster auch oft isolierte neurotische Züge vermischt wie Bettnässen, Einkoten und Angstgefühle, aber Kinder von übermäßiger behüteter Herkunft , die an einer Zwangs- oder Angstneurose klassischer Art litten, waren aufgrund des raueren Verhaltens der anderen, die sie noch mehr erschreckt hätte, nicht geeignet.

7. Die Kinder waren geprägt von einem Mangel an Kontinuität und Stabilität zu Eltern und Heimen, bzw. zu Schule und Gemeinde. „Sie hatten niemals einen Erwachse- nen gehabt, zu denen sie aufgrund gelegentlicher Besuche eine herzliche Beziehung aufgebaut hatten, an die sie sich erinnern konnten."[16]

8. Alle Kinder hatten traumatische Erlebnisse von höchst fundamentaler Wirkung, die aufgrund der tatsächlichen oder als feindlich empfundenen Umgebung nicht bewältigt werden konnte. Die gute Erfahrung war die Ausnahme, das Trauma die Regel: so z. B. offene sexuelle Beziehung zwischen Erwachsenen, Ablehnung und schwere Misshandlung.

9. Den Kindern war kaum Gutes widerfahren. So kam es bei ihnen zu einer pessi- mistischen Welteinstellung aufgrund fehlender Bindeglieder zu ihrer Umgebung, wie zum Beispiel:

- Keine Identifizierung mit Erwachsenen
- Kein Gefühl, geliebt zu werden
- kein befriedigendes Freizeitverhalten
- keine angemessene Beziehung zu Gleichaltrigen
- keine kontinuierlichen Familienstrukturen
- keine ausreichende wirtschaftliche Sicherheit für einige Grundbedürfnisse und Notwendigkeiten des Lebens

---

[16] Vgl. Redl/Wineman, Kinder, die hassen, S. 52.

2. Auflösung und Zusammenbruch der Selbstkontrolle

2.1 Das Ich, das seine Aufgaben nicht erfüllen kann

Redl / Wineman stellen in dem Buch verschiedene, insgesamt 22 Funktionen des normalen Ichs dar:[17]

1. Frustrationstoleranz

2. Bewältigung von Unsicherheit, Angst und Furcht

3. Widerstand gegen die Versuchung

4. Erregung und gruppenpsychologischer Rausch

5. Sublimierungstaubheit

6. Pflege des Eigentums: Garantie für späteren Gebrauch

7. Panik angesichts des Neuen

8. Herrschaft über die Schleusen der Vergangenheit

9. Zusammenbruch angesichts von Schuldgefühlen

10. ‚Vergessen' jener Glieder in der Kausalkette, die man selbst beigesteuert hat

11. Spontane Errichtung von Ersatzkontrollen

12. ‚Vernünftig' bleiben auch angesichts unerwartet sich bietender Befriedungsmöglichkeiten

13. Verwendung von Erinnerungen an frühere Befriedung als Hilfsmittel

14. Realismus im Hinblick auf Regeln und Routinevorschriften

15. Krieg mit der Zeit

---

[17] Vgl. Redl/Wineman, Kinder, die hassen, S. 77-143.

16. Einschätzung der sozialen Realität

17. Lernen aus eigenen Erfahrungen

18. Ziehen von Schlüssen aus den Erfahrungen anderer

19. Reaktionen auf Misserfolg, Erfolg und Fehler

20. Aufforderung zum Wettbewerb

21. Ich-Integrität unter dem Einfluß der Gruppe

22. Die kluge Wahl der richtigen Mittel

Diese Funktionen, die das normale Ich in aller Regel erfüllt oder doch einigermaßen erfüllt, können von Kindern, die hassen, angesichts ihrer Ich-Störungen nicht, kaum oder nur ganz schwerlich erfüllt werden. Das Ich wird normalerweise durch ein inneres Selbstkontrollsystem in Schach gehalten, womit man grob gesehen jene Teile der Persönlichkeit meint „die die Funktionen und die Macht haben zu entscheiden, welche von einer gegebenen Anzahl von Wünschen und Strebungen die Erlaubnis bekommen (oder nicht bekommen), die Handlungsebene zu erreichen, und in welcher Form."[18]

Auch wenn den Autoren bewusst ist, dass die Zusammenstellung der oben aufgeführten Ich-Störungen unvollständig sein mag, ist es ihnen ein wichtiges Anliegen, „allmählich den ungenauen Begriff eines ‚schwachen' oder ‚schlecht funktionierenden' Ichs in viel mehr spezifische Teile aufzugliedern, als man es jemals getan hat. Für unsere Arbeit mit gestörten Kindern ebenso wir für die tägliche Ich-Stützung bei normalen Kindern müssen wir alle Aufgaben kennen, zu deren Erfüllung ein Ich im Verlauf eines Vierundzwanzig-stundentags aufgerufen werden kann. Die herkömmlichen Beschreibungen von ‚Ich-Funktionen' betrachten diesen Begriff hauptsächlich unter dem Blickwinkel der ‚Grund-einstellungen gegenüber der Realität'".[19]

---

[18] Redl/Wineman, Kinder, die hassen, S. 61.
[19] Redl/Wineman, Kinder, die hassen, S. 144.

Im Folgenden sollen zwei gestörte Ich-Funktionen, bei Kindern, die hassen, beschrieben und ausführlicher dargestellt werden: die zu niedrige Frustrationstoleranz und der zu geringe Widerstand gegen die Versuchung.

2.2 Niedrige Frustrationstoleranz

Kinder, die hassen, haben eine ungewöhnlich niedrige Frustrationsschwelle. Diese besteht aus zwei Aspekten. Den einen Aspekt könnte man als „Durchbruch der Triebe"[20] bezeichnen. Das bedeutet, dass ein solches Kind, selbst wenn es nur einer leicht frustrierenden Situation ausgesetzt ist, nicht zulässt, dass es frustriert wird, „sondern auf einer totalen Befriedigung der vollen Triebwünsche besteht, die darauf wartet, freigesetzt zu werden."[21] Selbst leichte Frustrationen können nicht ertragen werden, vielmehr tritt die ganze Triebhaftigkeit zu Tage, gleichgültig wie katastrophal die Folgen auch sein mögen. Der andere Aspekt, - beide sind eng miteinander verbunden - könnte man damit beschreiben, dass diese Kinder sich zwar für kurze Zeit in eine potentielle frustrierende Situation hineinbegeben. Sobald aber die ersten Frustrationswirkungen einsetzen, werden sie hoffnungslos desorganisiert. Frustrationspanik, Aggression und Zerstörungswut sind die Folge.

„In beiden Situationen ist es offensichtlich, daß das Ich seine Aufgabe nicht erfüllt. Im ersten Fall scheint es angesichts eines Ansturms von Trieb-Intensität oder eines Triebstaus hilflos zu sein; es kann den Durchbruch der Triebe um keinen Preis verhindern. Im zweiten Fall erscheint das Ich hilflos angesichts der Mengen von Aggression, Angst und Unbehagen, die selbst geringfügige frustrierende Situationen erzeugen, und das Kind gerät selbst bei niedrigen Frustrationsdosen in chaotische Verwirrung."[22]

Mike wollte sein Taschenmesser, das ein Projektleiter in der Schublade seines Büros aufbewahrt hatte, haben. Mike schrie nach ihm. Der Projektleiter telefonierte gerade, sagte kurz „komm rein", aber die Tür war zufällig zu. Noch ehe der Projektleiter zur Tür gehen konnte, hämmerte Mike mit aller Kraft an die Tür und nannte ihn einen Hurensohn.

---

[20] Redl/Wineman, Kinder, die hassen, S. 77.
[21] Redl/Wineman, Kinder, die hassen, S. 77.
[22] Redl/Wineman, Kinder, die hassen, S. 78.

Selbst als der Projektleiter ihn über den unglücklichen Sachverhalt aufgeklärt hatte, ließ sein Wutanfall kaum nach.[23]

Bei einer Fahrt mit dem Kombi musste vor einer roten Ampel gewartet werden. Das war den Kindern unerträglich, obwohl sie wussten, dass diese Verzögerung gleich vorüber sein würde. Trotzdem waren sie unfähig, ihre inneren Spannungen zu bewältigen, im Gegenteil, es gab einen Ausbruch aggressiven Verhaltens.[24]

2.3 Geringer Widerstand gegen die Versuchung

Ein normales organisiertes Ich kann besser als das Ich von Kindern, die hassen, Umstände erkennen, deren Befriedigung zu Gefahren oder Schuldgefühlen führen würde. Ein normales Ich hat ein höheres Maß an Widerstand gegen Versuchungen entwickelt, obwohl auch das normale Ich nicht ganz dagegen gefeit ist. Bei Kindern, die hassen, ist der Widerstand gegen Versuchungen gering. Es ist nicht einmal ein starker Impuls notwendig, um ein unannehmbares Verhalten hervorzubringen. Unfug oder Delinquenz sind bei ihnen leichter zu mobilisieren. Die Versuchung kann man in drei Versuchungselemente einteilen, in Verlockung durch die Situation, in Verführung durch Dinge und in Ansteckbarkeit:[25]

1. Verlockung durch die Situation

"Es scheint, daß das bloße Vorhandensein bestimmter Befriedigungspotentiale oft ausreicht, um Impulse zu aktivieren, selbst wenn solche Impulse vorübergehend inaktiv oder zumindest nicht sehr stark waren."[26] So löst selbst bei einem normalen Kind ein Tunnel, der ein Echo zurückwirft, Geschrei aus, auch wenn kein besonderes Bedürfnis nach solcher Betätigung besteht. So muss man sich auf delinquentes Verhalten angewandt die Lage bei Kindern, die hassen, vorstellen.

So besuchten einige Kinder Redl in seinem Büro an der Universität. Die gegenüber liegende Dekansbürotür stand offen. Zwischendurch waren sie eine Zeitlang weg, angeblich auf der Toilette. In Wirklichkeit aber waren sie neugierig geworden und waren ins Dekansbüro gegangen und stahlen, weil es so verlockend war, einen Geldbetrag. Am

---

[23] Vgl. Redl/Wineman, Kinder, die hassen, S. 77-78.
[24] Vgl. Redl/Wineman, Kinder, die hassen, S. 78.
[25] Vgl. Redl/Wineman, Kinder, die hassen, S. 85-90.
[26] Redl/Wineman, Kinder, die hassen, S. 85.

nächsten Tag zur Rede gestellt, gaben sie es schließlich nach langem Hin und Her zu. Dabei waren sie noch nicht einmal trotzig und mürrisch, wie sie es sonst waren, wenn sie einen Diebstahl zugaben.

2. Verführung durch Dinge

Gewisse Dinge haben eine große Anziehungskraft auf Kinder. Die Dinge scheinen mit den Kindern zu reden. Eine Pistole fordert zum in die Hand nehmen, zum Zielen und zum Abdrücken auf. „Das Ich eines Kindes hat unter Umständen plötzlich ganz schön mit einem aggressiven Zerstörungsdrang zu tun, der nur aufgestiegen ist, weil so ein verdammtes Schießeisen herumlag."[27]

Mike sollte ein Geschenk gekauft bekommen. In der Spielwarenabteilung sah er aber ein Plastik-Jagdmesser, das ihn anzog. Obwohl er gemahnt wurde, war es schon zu spät: er schleuderte es den Gang hinunter. Zum Glück wurde niemand verletzt.

3. Ansteckbarkeit

„Noch ‚verführerischer' als die Zugänglichkeit von Räumen oder der Aufforderungscharakter von Gegenständen als solcher"[28], scheint das Sehen von Vorgängen zu sein, die andere Leute tun. Das löst ein Verhalten bei dem Kind aus, das es bis zu dem Zeitpunkt vorher gar nicht beabsichtigte. Eine Verhaltensweise wird also durch eine Verlockung, die ihr Anblick mit sich bringt, ansteckend. Ein Beispiel hierfür: Die Kinder waren beim Spielen. Ein Kind warf eine Spielkarte durch das Zimmer und machte darauf aufmerksam. In kürzester Zeit warfen alle Kinder etwas durch die Luft.

---

[27] Redl/Wineman, Kinder, die hassen, S. 87.
[28] Redl/Wineman, Kinder, die hassen, S. 88.

3.   Das delinquente Ich und seine Techniken

3.1   Das Ich und der Begriff Delinquenz

Was verstehen die Autoren unter delinquentem Ich? Es ist für sie ein Hilfsbegriff für „das Ich, das gerade in einem geplanten Versuch begriffen ist, nicht-zulässige Triebhaftigkeit zu verteidigen."[29]

Das bisher entworfene Bild von Kindern, die hassen, stellt sie als triebhafte Kinder dar, deren Selbstkontrollmechanismen völlig unzureichend scheinen. Aber dies ist nur eine Seite der Medaille. Auf der anderen Seite haben diese Kinder Ich-Funktionen entwickelt, die übermäßig ausgeprägt sind. Hier können sie ihre Triebhaftigkeit unglaublich beherrschen. Deshalb haben die Autoren den Begriff „delinquentes Ich" geprägt, wobei delinquentes Ich in Richtung Über-Ich reicht. Es ist nicht so, dass diese Kinder überhaupt kein Über-Ich hätten. Die Pioniere haben veränderte Maßstäbe und Trickstechniken entwickelt, die sie zum Teil von ihrem Elternhaus übernommen haben, wo auch delinquentes Verhalten Regel war. Um das delinquente Ich und seine Techniken etwas zu charakterisieren, soll hier die „Strategie des Vermeidens von Schuldgefühlen" angeführt werden.

3.2   Strategie des Vermeidens von Schuldgefühlen

Bei allen Pionieren war „eine große Zahl von kleinen ‚Wert-Inseln' übrig geblieben, infolgedessen verwendet ihr Ich viel Zeit darauf, dass sie das, was sie tun, ohne Schuldgefühle genießen können."[30]

Kinder haben folglich Alibi-Tricks entwickelt. Ein Kind, das stiehlt argumentiert so: „Da, wo ich wohne, gibt es keinen einzigen Jungen, der nicht stiehlt. Jeder klaut irgendwann mal in seinem Leben, sogar du, da bin ich mir ganz sicher. Sogar Pfarrer stehlen."[31]

Oder es entschuldigt sich für eine Tat dadurch, dass es sagt, dass alle dabei waren.[32] Dadurch, dass es eine kollektive Unternehmung war, entledigt sich das Kind aller möglichen Gewissensbisse.

---

[29] Redl/Wineman, Kinder, die hassen, S. 148.
[30] Redl/Wineman, Kinder, die hassen, S. 149.
[31] Redl/Wineman, Kinder, die hassen, S. 152.

Weitere solche Schuldvermeidungstechniken sind:

- „aber jemand anders hat vorher das gleiche mit mir gemacht"[33]
- „er hatte es verdient"[34]
- „Ich mußte es tun, sonst hätte ich mein Gesicht verloren"[35]
- „ich hab' sowieso nichts davon gehabt"[36]
- „aber ich hab' mich doch hinterher wieder mit ihm vertragen"[37]
- „der ist ja selbst nichts wert"[38]
- „das war die einzige Art, wie ich es kriegen konnte"[39]

Diese und ähnliche Techniken werden zum Rüstzeug des delinquenten Ichs gegen seine Welt, wobei die beschriebenen Mechanismen auf vielfältige Situationen zutreffen und der Begriff des „delinquenten Ichs" sehr weit gefasst wird: „was wir hier unter der Überschrift der Abwehrtechniken des ‚delinquenten Ichs' beschrieben haben, sind in Wirklichkeit Abwehrtechniken überhaupt, wo immer ein Ich sich entschließt, auf Triebforderungen oder seiner Pathologie zu beharren und Veränderungen, die der Erzieher oder Therapeut herbeizuführen versucht, zu widerstehen. Der Grund für diese Sammlung von Abwehrtechniken, die von dem abweicht, was in der Literatur als Liste der ‚Abwehrmechanismen' wohlbekannt ist, liegt in erster Linie darin, dass wir es hier mit dem gefestigten aggressiven Ich zu tun haben, das versucht, Chancen der Triebbefriedigung gegen die Außenwelt und auch gegen Reste von Über-Ich-Forderungen im eigenen Innern zu schützen."[40]

---

[32] Redl/Wineman, Kinder, die hassen, S. 153.
[33] Redl/Wineman, Kinder, die hassen, S. 153.
[34] Redl/Wineman, Kinder, die hassen, S. 154.
[35] Redl/Wineman, Kinder, die hassen, S. 155.
[36] Redl/Wineman, Kinder, die hassen, S. 155.
[37] Redl/Wineman, Kinder, die hassen, S. 156.
[38] Redl/Wineman, Kinder, die hassen, S. 157.
[39] Redl/Wineman, Kinder, die hassen, S. 159.
[40] Redl/Wineman, Kinder, die hassen, S. 201.

4.   Beurteilung und Kritik

Redl / Wineman haben ein aus dem üblichen Rahmen fallendes Projekt durchgeführt. Es war in dieser Art und Ausprägung eine ziemliche Neuheit. Nur durch ein hautnahes Zusammenleben kann man die Vielschichtigkeit des Verhaltens dieser Kinder, die hassen, herausbekommen und erkennen. Dieses Zusammenleben beweist, dass es nicht unmöglich ist, mit solchen Kindern zusammenzuleben. Hier wurde der Gegenbeweis erbracht, allerdings unter nicht ganz alltäglichen Bedingungen.

Das Buch zeigt auf, wie diese Kinder reagieren, was bei ihrem Ich und Über-Ich anders ist als bei normalen Kindern und was bei ihnen deformiert ist. An den spezifischen Störungsinhalten liegt es, dass die herkömmlichen sozialpädagogischen und therapeutischen Maßnahmen, die an diesen Kindern erfolglos ausprobiert wurden, nicht griffen. Man muss deshalb neu beobachten, um zu einem neuen Konzept zu kommen. In Abwandlung des Spruches tolle et lege (nimm und lies) kann man hier sagen vide, intellege et finge (schau dir das Phänomen an, verarbeite es und bilde ein neues Konzept). Das „Detroit Pioneer House"-Projekt hat diesen richtigen Ansatz gewählt. Dieses Buch hat zugleich beschreibenden und erklärenden Charakter, das vide und das intellege sind somit erfüllt, aber ein neues therapeutisches Konzept ist nur leicht angedeutet. Hier wird ganz am Ende des Buches auf ein anderes Buch der Autoren, nämlich auf „Controls From Within"[41] hingewiesen. Es ist anzunehmen, dass ein Leser des Buches: Kinder, die hassen, von ihm so angetan ist, dass er auch „Controls From Within" lesen wird.

Zu den Rahmenbedingungen des „Pioneer House" kann man natürlich einige Kritikpunkte anklingen lassen, so an der Auswahl der Jungen. Es hätte Kinder gegeben, die wesentlich verhaltensgestörter gewesen wären. So hat man keine infantilen oder schon weiter fortgeschrittene Kinder als mit 11 Jahren genommen. Es waren ausschließlich Jungen. Der körperliche Gesundheitszustand war befriedigend und die Kinder hatten keine allzu starken Gruppenaversionen. Die Jungen besaßen immerhin noch ein vertretbares Minimum von Realitätssinn und Selbstbeherrschung. Aber man soll ja bekanntlich nicht alles auf einmal wollen. Hier handelte es sich schließlich um einen Schritt in ein ganz neues Gebiet und letztendlich war dies alles nötig, weil das „Pioneer House" kein geschlossenes Heim war.

---

[41] Fritz Redl/David Wineman, Controls from Within, Glencoe 1952. In deutscher Übersetzung erschienen unter dem Titel: Steuerung des aggressiven Verhaltens beim Kind, (Serie Piper, Bd. 129, München 1976.

Nicht nur von der inhaltlichen Seite, sondern auch von der sprachlich-stilistischen Seite ist dieses Buch anregend. Der Praxisbezug steht dabei im Vordergrund. Theorie wird wirklich nur in notwendigem Maße und selbst dann gut und leicht verständlich verwendet. Gerade durch die vielen praktischen Beispiele erhält man einen profunden, unverfälschten Einblick in die Materie. Das Buch ist in viele kleine Abschnitte und Kapitel unterteilt. Dies spiegelt nicht nur die Vielfalt menschlichen Verhaltens wider, sondern führt außerdem dazu, dass man wenig ermüdet. So könnte man einerseits fast jederzeit aufhören zu lesen, andererseits wird man dies kaum tun, da sich dieses Buch sehr spannend liest.